Tes étiquettes à coller sur tes

mon cahier

Grande Section
5-6 ans

maternelle

TOUT LE PROGRAMME

Kerstin Hache-Thibon
Professeur des écoles

Anne Popet
Jeanine Villani
Conseillères pédagogiques

Illustré par
Virginie Chiodo

Nathan

Mode d'emploi

Conforme au programme scolaire, Mon cahier maternelle couvre tous les apprentissages de l'année de Grande Section dans un même ouvrage. Au fil des pages, des activités progressives sont proposées de manière alternée, comme à l'école, cela permet ainsi de varier les compétences.

La matière abordée dans la page est signalée par une couleur.

Micha le chat accompagne l'enfant au fil des activités.

Des activités progressives permettent un apprentissage pas à pas.

La compétence abordée.

Pour les parents, une explication concise de l'objectif visé pour comprendre ce sur quoi travaille l'enfant.

Histoire à écouter sur www.cahier-maternelle.fr

Les histoires du cahier sont à écouter sur www.cahier-maternelle.fr

À la fin du cahier, 4 activités manuelles sont proposées.

Voici Micha le chat que votre enfant retrouve sur toutes les pages du cahier !

Coordination éditoriale et édition : Isabelle Lecharny / **Conception de maquette intérieure :** Petits Pois / **Illustrations de la mascotte :** Mélanie Grandgirard / **Illustrations intérieures :** Virginie Chiodo / **Mise en page :** Irilys / **Crédits photographiques : Couverture :** cahier : © Serg64/Shutterstock ; feutres : © Igor Avramchuk/Shutterstock ; colle : © Alessio Radice/Shutterstock - **p. 26 :** escargot : © ZTS/Shutterstock ; papillon : © Valclav Pierce/Shutterstock ; taupe : © Tramper/Shutterstock ; truite : © Melina Fawver/Shutterstock ; oiseau : © Gabor Ruff/Shutterstock - **p. 52 :** batteur à main : © sevenke/Shutterstock ; batteur électrique : © Planner/Shutterstock ; couteau à beurre : © Luminis/Shutterstock ; couteau scie : © Mike Flippo/Shutterstock ; couteau : © Francesco Ridolfi/Shutterstock ; écumoire : Volk OFF-ZS-BP/Shutterstock ; fouet : © Luis Francisco Cordero/Shutterstock ; passoire : © Sandra van der Steen/Shutterstock ; presse ail : © nicobatista/Shutterstock ; presse-fruit manuel : © Natalia Siverina/Shutterstock ; presse purée :© ivaschenko Roman/Shutterstock ; rape manuelle : © sjeacle/Shutterstock ; hachoir électrique : © trailexplorers/Shutterstock - **p. 65 :** arbre en été : © Elena Elisseeva/Shutterstock ; arbre en hiver : © Martina I Meyer/Shutterstock ; arbre en automne : © Pinchuk Alexey/Shutterstock ; arbre au printemps : © Vladitto/Shutterstock ; enfant avec fraise : © Elina Manninen/Shutterstock ; enfant avec pomme : © Gorilla/Shutterstock ; enfant avec arbre : © pichugin Dmitry/Shutterstock ; enfant avec muguet : © Renata Osinka ; **activité 1 :** feutres : © Igor Avramchuk/Shutterstock ; ciseaux : © Roman Sigaev/Shutterstock ; fil : © S. M./Shutterstock ; baguettes : © Chris Leachman/Shutterstock – **activité 2 :** feuille de papier : © photo on line/Shuttersstock ; ciseaux : © Roman Sigaev/Shutterstock ; colle : ©Alessio Radice/Shutterstock ; attache parisienne : © Nathan ; photo d'enfant : © Tree of life/Shutterstock ; feutres : © Igor Avramchuk/Shutterstock – **activité 3 :** pinceau : SRNR/Shutterstock ; bouteille : © Ekaterina Starshaya/Shutterstock ; peintures : © Dino O./Shutterstock ; riz : © Murat Subatli/Shutterstock ; colle : ©Alessio Radice/Shutterstock ; feutres : © Igor Avramchuk/Shutterstock ; balle de tennis : © Sailoor/Shutterstcck – **activité 4 :** feutres : © Igor Avramchuk/Shutterstock ; colle : ©Alessio Radice/Shutterstock ; boite de chaussures : Tatiana popova/Shutterstock ; ciseaux : © Roman Sigaev/Shutterstock ; papier cadeaux : © Jliri Hera/Shutterstock

© Éditions Nathan 2015 – ISBN : 978-2-09-189307-5 pour la présente édition. 2010 – ISBN : 978-2-09-186137-1 pour l'édition précédente – N° d'éditeur : 10230988 – IRILYS – Octobre 2016 – Imprimé en France par Loire Titoulet Offset.

Sommaire

Des AUTOCOLLANTS en fin de cahier

Lecture

Écriture

Maths

Explorer le monde

Activités manuelles

Mon mémo d'anglais

Conseils aux parents

La Grande Section est une année où l'enfant renforce et structure les apprentissages de la Petite Section et de la Moyenne Section. Il progresse dans son appropriation du langage et la maitrise de la langue française. Il se prépare plus précisément à apprendre à lire et, donc, à découvrir le fonctionnement de l'écrit ainsi qu'à acquérir les gestes de l'écriture.

1 Se préparer à apprendre à lire

Une attention particulière est accordée à la compréhension. Les histoires contribuent largement au développement de cette capacité, gage d'un apprentissage réussi de la lecture. Elles familiarisent l'enfant avec le français écrit. En le questionnant, on attire son attention sur les éléments importants du récit. Votre enfant va également scander les syllabes de mots. Il va les dénombrer, repérer des syllabes identiques dans des mots, trouver des mots qui ont une syllabe finale commune, des mots qui riment. Il va commencer à repérer des sons et à faire correspondre avec exactitude des sons et des lettres pour quelques voyelles et quelques consonnes. Il s'habituera aux correspondances entre les trois écritures (cursive, script, capitales d'imprimerie). Enfin il va découvrir, à l'oral, d'autres langues que le français.

Astuce !

Relisez souvent les mêmes histoires à votre enfant. Invitez-le à les raconter ensuite. N'hésitez pas à frapper dans les mains les syllabes des mots pour accompagner une chanson ou une comptine. Faites découper à votre enfant des images où l'on entend le même son lorsqu'on nomme ce qu'elles représentent.

Astuce !

Pour travailler les rotations, faites reproduire à votre enfant les boucles à l'endroit comme le l, à l'envers comme le j, et les grandes lettres comme le f... en mimant d'abord le geste dans l'espace. Par ailleurs, tandis qu'il écrit sur une feuille, à une table, veillez bien à la tenue de son crayon, à la position de la page et au respect du sens de l'écriture des lettres.

2 Commencer à écrire

Votre enfant va pratiquer des exercices graphiques qui le conduisent de façon progressive à des tracés de plus en plus complexes et qui vont l'amener à maitriser les tracés de base de l'écriture.
Si l'apprentissage systématique de l'écriture relève du CP, votre enfant va néanmoins apprendre à tracer des lettres et des petits mots simples en écriture cursive entre deux lignes.

Conseils aux parents

③ Utiliser les nombres et explorer les formes et les grandeurs

Progressivement, votre enfant apprend la suite des nombres et l'utilise pour dénombrer. Il comprend peu à peu leurs fonctions et les utilise dans des situations où ils ont un sens (ajouter, retirer, comparer...). À la fin de l'école maternelle, des petits problèmes sont proposés, mais ce n'est qu'au CP que les signes des opérations et le signe « = » seront installés.

Votre enfant apprend à nommer les formes géométriques et à reconnaitre quelques solides, à comparer des tailles. Cela constitue une première approche de la géométrie.

Astuce !

Vous pouvez intéresser votre enfant aux nombres : en consultant le calendrier, au cours de jeux de société, en lisant des albums à compter, en affichant dans sa chambre un poster où figurent des chiffres dans l'ordre croissant.

Astuce !

Au marché, dans la nature, en ville, au zoo..., attirez l'attention de votre enfant sur les caractéristiques du lieu où vous vous trouvez et aidez-le à prendre des repères dans l'espace. Ensemble, lisez des documentaires. Pour se repérer dans le temps, utilisez des calendriers, des horloges, un sablier. En toute occasion, utilisez un vocabulaire précis.

④ Explorer le monde

En Grande Section, votre enfant poursuit la découverte d'objets techniques usuels et le monde de la matière. Il observe différentes manifestations de la vie animale et végétale. Il découvre les caractéristiques des différentes parties du corps et des cinq sens.

Il apprend à se repérer dans le temps et dans l'espace.

⑤ Réaliser des objets

Les activités manuelles sont un excellent moyen de développer les possibilités sensorielles et motrices de l'enfant.

Elles développent ses facultés d'attention et de concentration. L'enfant prend plaisir à agir dans un but bien précis dont la réalisation est source de fierté.

Astuce !

Proposez à votre enfant des coloriages en y participant vous-même, si besoin est, pour éviter qu'il se lasse. Pour l'inciter à dessiner, n'hésitez pas à dessiner vous-même avant de l'inviter à poursuivre le dessin. Vous pouvez aussi vous inspirer des activités présentées dans ce cahier pour en proposer de nouvelles sur d'autres thèmes.

Par Anne Popet, conseillère pédagogique

Les traits horizontaux et verticaux

Tracer des droites pour aborder plus tard les lettres minuscules comme t, l, j, p…

Observe bien les étiquettes et reproduis leur motif sur les dessins.

Continue le dessin en repassant sur les traits gris, puis sur les pointillés et reproduis-le tout(e) seul(e).

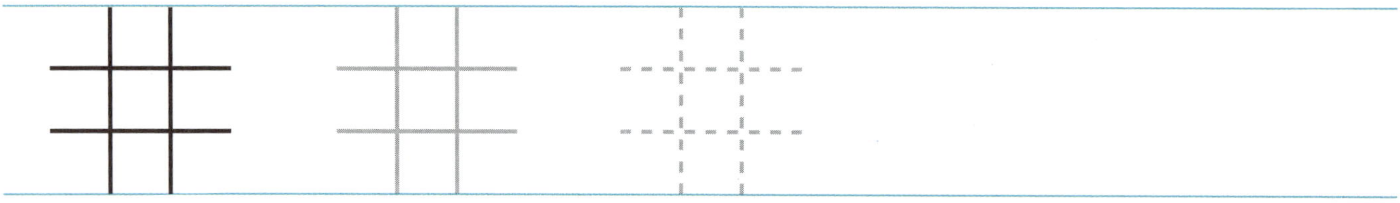

Compter jusqu'à 4

Dénombrer jusqu'à 4 en utilisant instinctivement l'addition et la soustraction.

Colle l'autocollant d'un poussin dans chaque œuf cassé et écris dans les étiquettes le nombre de poussins que tu as collés.

Décoder un message

Décoder un message en passant du signe à la lettre.

Suis le code pour compléter les mots.

△	□	–	×	■
A	E	I	O	U

× □ –

S _ L _ _ L

■ △ □

N _ _ G _

× – □

E T _ _ L _

△ □ △ ■

B _ T _ _ _

× – □ △ ■

_ _ S _ _ _

△ – ×

_ V _ _ N

– × ■ – □

C _ T R _ _ _ L L _

■ □

L _ N _

× ■ □

P _ _ L _

Le corps

Connaitre les différentes parties du corps.

Demande à un adulte de te lire les différentes parties du corps nommées sur les autocollants. Colle les étiquettes au bon endroit sur le dessin.

Les traits obliques

Tracer des lignes obliques plus ou moins longues.

Trace les rayons du soleil en repassant sur les traits gris puis sur les pointillés. Finis les rayons sans modèle. A toi de choisir si tu veux faire des rayons longs ou courts.

Continue le motif en suivant les traits gris et les pointillés puis reproduis-le tout(e) seul(e).

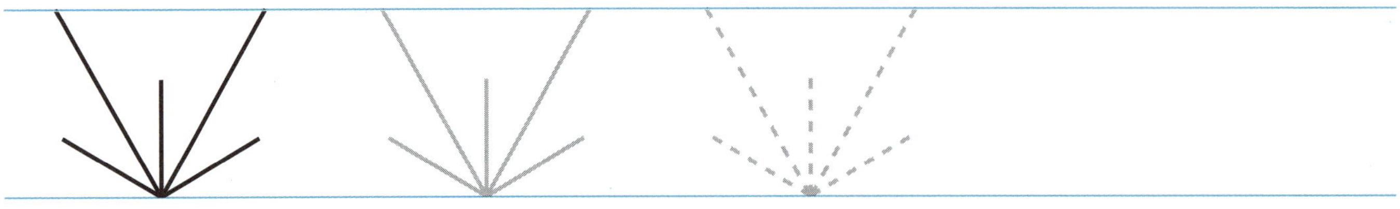

Les nombres de 1 à 4

Écrire les nombres de 1 à 4.

Repasse sur les pointillés pour former les chiffres et écris-les ensuite sans dépasser des lignes.

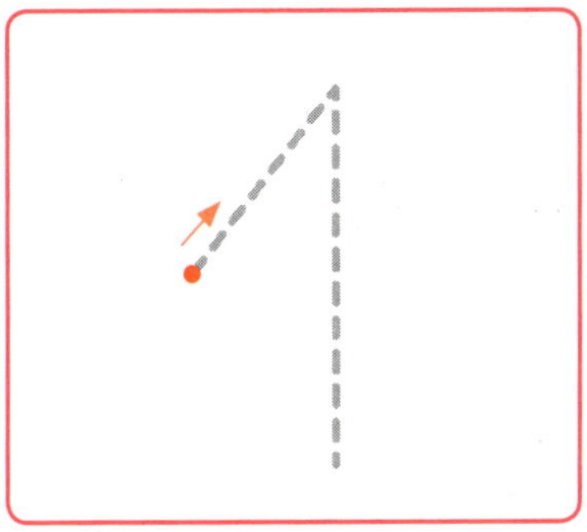

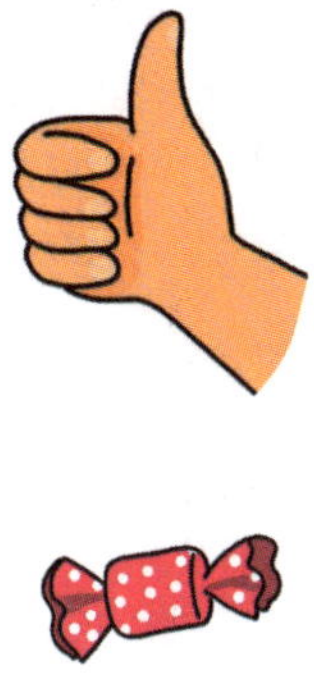

1

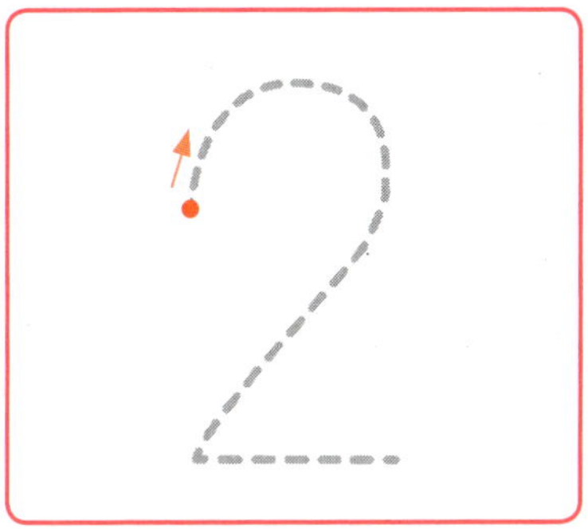

2

3

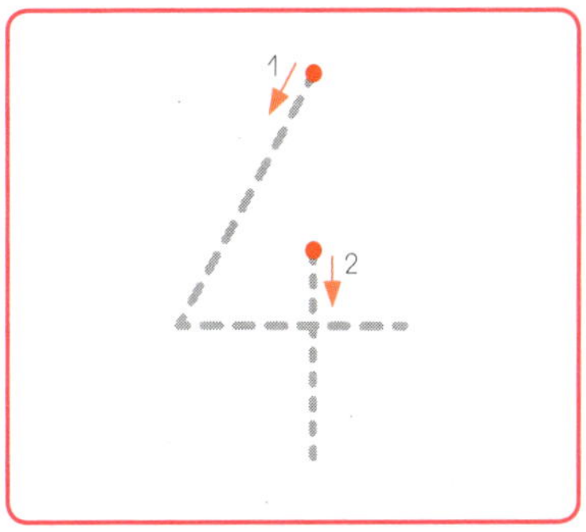

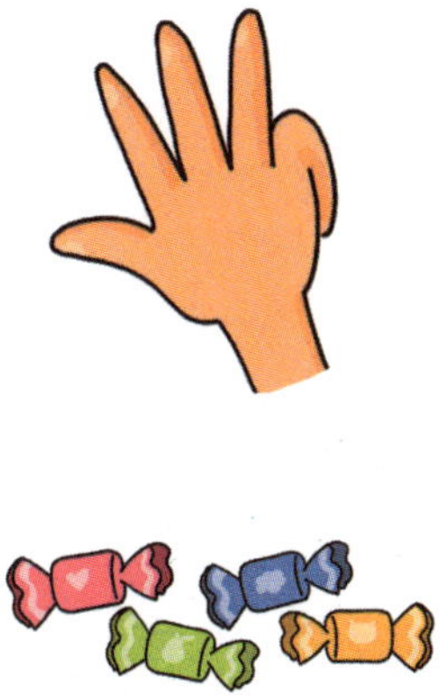

4

Lire les jours de la semaine

Reconnaitre des mots spécifiques.

Le soleil se lève. C'est dimanche.
Il fait beau, il fait chaud.
La petite chenille a faim.
Le lundi, elle trouve une pomme.
Le mardi, elle trouve deux poires.
Le mercredi, elle trouve trois prunes.
Le jeudi, elle trouve quatre fraises.
Le vendredi, elle trouve cinq oranges.
Le samedi, elle trouve tout un repas.

Va à la page des autocollants et colle sur le corps de la chenille le nom des jours de la semaine dans l'ordre de l'histoire.

Les courbes

Tracer des arrondis vers le haut et vers le bas.

Observe bien le sens de la flèche pour tracer les cordes des enfants.

Continue le motif en suivant le modèle.

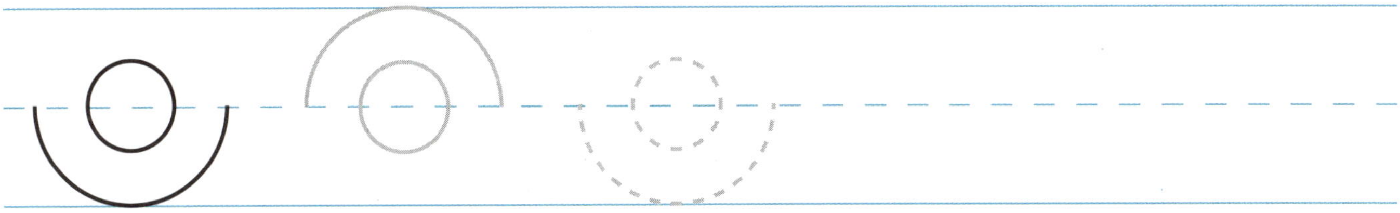

Le chiffre et la quantité 5

Associer le chiffre 5 à sa quantité.

Dessine les niches qui manquent pour en avoir 5.

Entoure le cinquième animal.

Continue en suivant bien les pointillés puis en traçant tout(e) seul(e).

5 5

5

Reconnaitre des mots

Mémoriser les mots comme des images pour les reconnaitre.

Des mots sont cachés dans le dessin. Retrouve-les et relie-les à la liste qui est à côté du dessin.

- MAISON
- TABLE
- PANIER
- TAPIS
- CHAT
- ESCALIER

Écris les mots de la liste. La première ou la dernière lettre vont t'aider à les retrouver.

T_ _ _ S   P_ _ _ _ _   M_ _ _ _ _

C_ _ _   E_ _ _ _ _ _ _   T_ _ _ E

Les lignes brisées

Tracer des lignes brisées afin d'écrire plus tard les majuscules M, N, V…

Pour rejoindre le village, le randonneur doit passer d'abord devant un panneau bleu, puis devant un panneau rouge et ainsi de suite. Trace son chemin.

Continue en reproduisant le motif. Suis d'abord les traits gris, les pointillés, puis fais-le sans modèle.

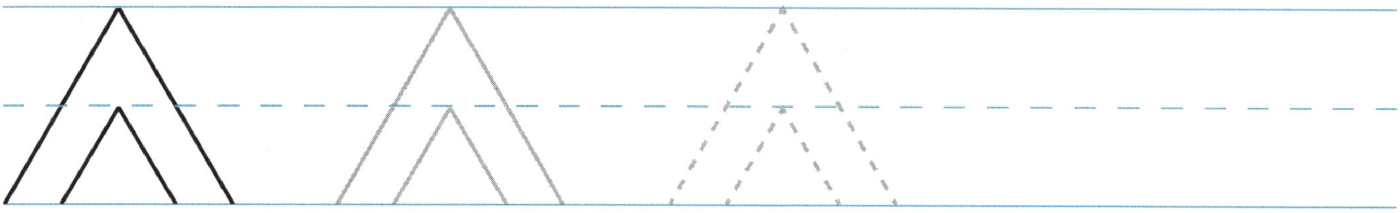

La symétrie

Reproduire symétriquement et comprendre le système de miroir.

Observe les décorations du robot et reproduis-les sur l'autre partie en les inversant.

13

LECTURE

La petite chenille qui faisait des trous

Comprendre une histoire.

Histoire à écouter sur www.cahier-maternelle.fr

Sur une feuille, un petit œuf brille au clair de lune. Maintenant, le soleil se lève. C'est dimanche. Il fait beau ; il fait chaud. Alors… clic, clac !... sort de l'œuf une petite chenille qui a très faim. Elle se met en route pour trouver à manger.

Le lundi, elle trouve une pomme  pour son repas. Elle y fait un trou pour manger, mais après, elle a encore très faim…

Le mardi, elle trouve deux poires pour son repas. Elle y fait deux trous pour manger, mais après, elle a encore très faim…

Le mercredi, elle trouve trois prunes  pour son repas. Elle y fait trois trous pour manger, mais après, elle a encore très faim…

Le jeudi, elle trouve quatre fraises pour son repas. Elle y fait quatre trous pour manger, mais après, elle a encore très faim…

Le vendredi, elle trouve cinq oranges  pour son repas. Elle y fait cinq trous pour manger, mais après, elle a encore très faim…

Le samedi, elle trouve pour son repas un gâteau au chocolat, un cornet de glace, un cornichon, un morceau de gruyère, un saucisson, une sucette, une tranche de pain d'épice, une saucisse, une brioche, une tranche de pastèque… Dans toutes ces bonnes choses, elle fait, pour manger, un petit trou… Mais, ce soir-là, elle a très mal au ventre !

Le jour suivant, c'est de nouveau dimanche… Comme elle a trop mangé la veille, elle grignote une feuille. Maintenant, elle se sent beaucoup mieux !

La petite chenille n'a plus faim du tout. D'ailleurs, elle n'est plus petite, elle est devenue grande et grosse.

Alors elle se construit sa maison, qu'on appelle cocon, et elle y habite pendant plus de deux semaines. Puis elle le ronge, fait un trou dans le cocon, et sort en se tortillant pour devenir… un merveilleux papillon ! 

D'où sort la chenille le dimanche ?

Que devient la chenille ?

Les boucles

Tracer des boucles pour former plus tard les minuscules f, l, b, j et g.

Complète les fleurs en suivant le modèle des boucles.

Continue en suivant les traits gris et les pointillés.

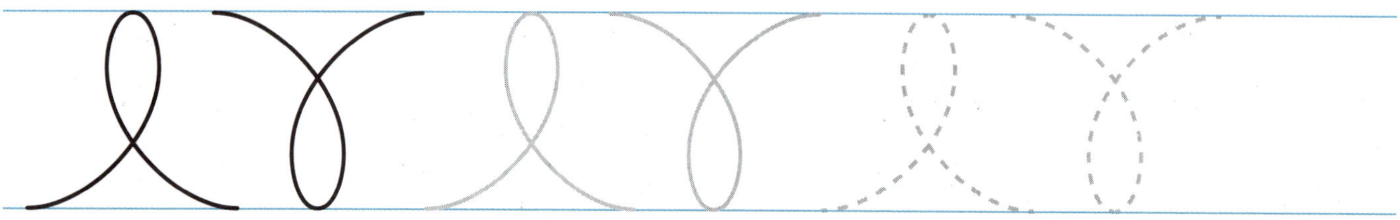

Continuer une suite

Reproduire des rythmes.

Continue chaque bracelet en respectant la suite des motifs.

Ajoute les motifs qui manquent dans les ronds vides.

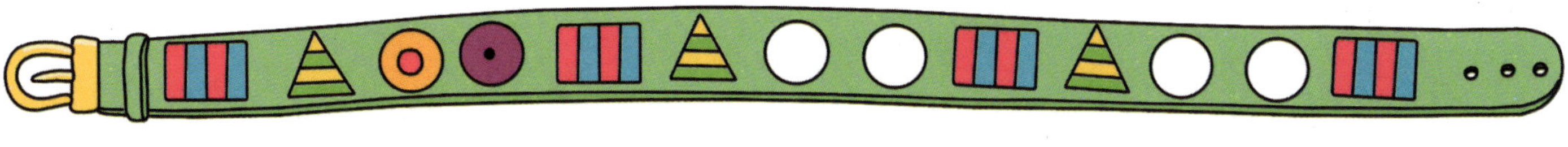

L'eau

Reconnaitre les différents états de l'eau.

Colle les autocollants à côté de chaque dessin pour dire si l'eau y est liquide, solide ou gazeuse.

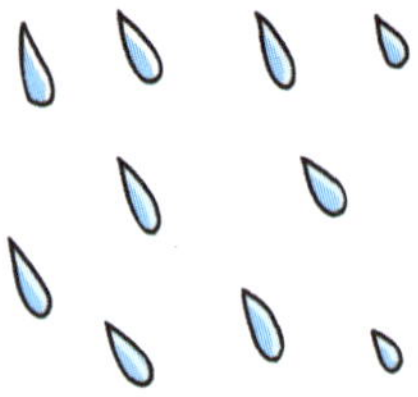

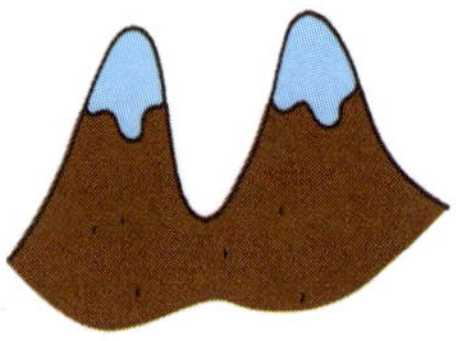

Compter des syllabes

Compter les syllabes d'un mot pour aider à sa décomposition.

Nomme ce que tu vois sur chaque dessin et compte les syllabes du mot. Sous chaque dessin, colle autant d'autocollants qu'il y a de syllabes dans le mot.

Le chiffre et la quantité 6

Associer le chiffre 6 à sa quantité.

Colle des papillons pour qu'il y en ait 6.

Entoure le sixième chevalier.

Continue en suivant bien les pointillés, puis en traçant tout(e) seul(e).

6 6

6

Les syllabes identiques

Associer des mots commençant par la même syllabe.

Colle à côté de chaque dessin un autocollant dont le nom commence par la même syllabe quand tu le nommes.

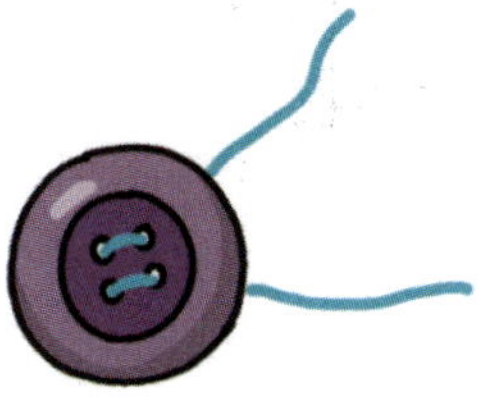

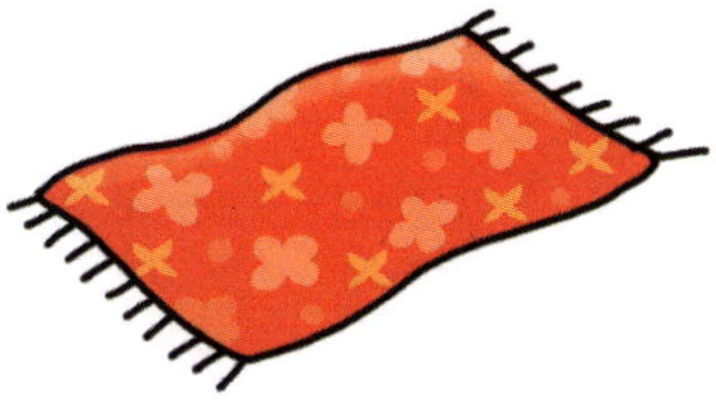

La reproduction de motifs

Reproduire des motifs en respectant un code précis.

Décore chaque case du village en reproduisant le motif qui est sur le toit.

Le chiffre et la quantité 7

Associer le chiffre 7 à sa quantité.

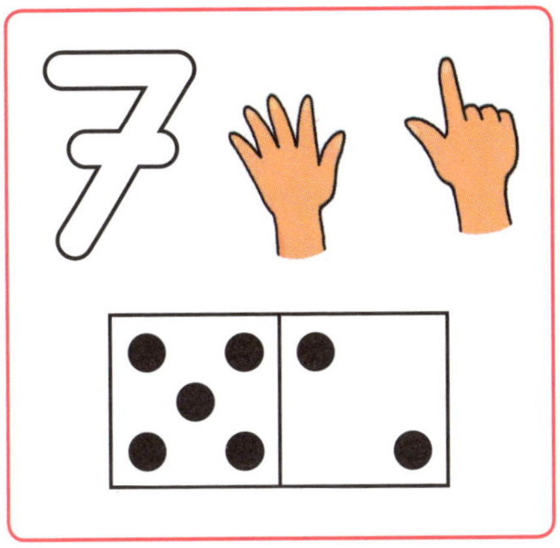

Sur chaque roue, colorie le nombre de cases indiqué dans le petit cercle.

Continue en suivant bien les pointillés puis en traçant tout(e) seul(e).

L'alphabet

Retrouver l'ordre des lettres de l'alphabet.

En t'aidant de la frise, relie les lettres du dessin dans l'ordre de l'alphabet et tu découvriras un animal.

A	B	C	D	E	F	G	H	I	J	K	L	M	N	O	P	Q	R	S	T	U	V	W	X	Y	Z

Le i et le u

Écrire le i et le u en cursives.

Trace les lettres i, puis u.

i i i

i i i

ibis — b s

u u u

u u u

nuage — n age

Le chiffre et la quantité 8

Associer le chiffre 8 à sa quantité.

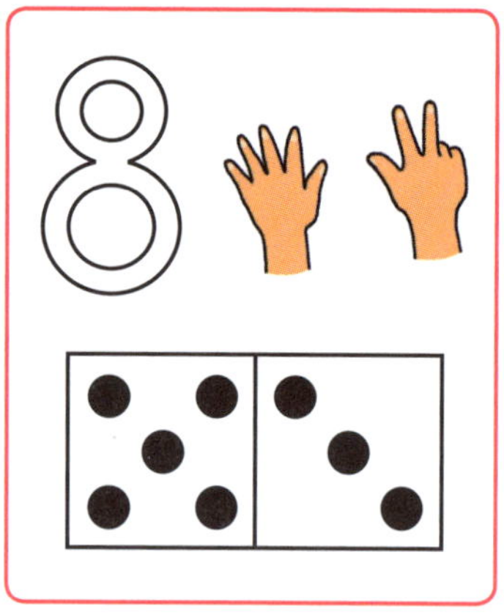

Il doit y avoir 8 escargots. Dessine ceux qui manquent.

Entoure le huitième dinosaure.

Continue en suivant bien les pointillés, puis en traçant tout(e) seul(e).

La reconnaissance des syllabes

Reconnaitre des syllabes pour s'initier à la lecture des mots.

Entoure la syllabe commune à chacun des mots écrits sur la même ligne.

ma marin lama tomate

di radis dinosaure jardinier

ra râteau parapluie caméra

mi fourmi cheminée miroir

  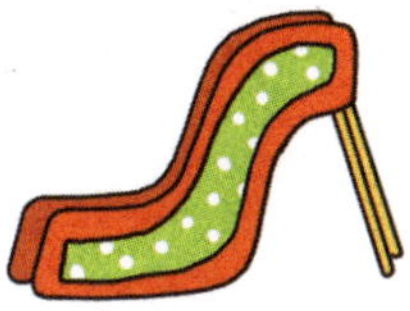

to moto automobile toboggan

Les animaux et leur milieu

Associer les animaux au milieu où ils vivent.

Colle chaque animal à l'endroit où il vit.

Le e et le o

Apprendre à tracer le e et le o en cursives.

Trace les lettres e, puis o.

e e

e e

épée

o o

o o

orange range

Ajouter une quantité

Effectuer une première approche de l'addition.

Complète chaque collection avec des autocollants pour qu'il y ait 8 éléments à chaque fois.

Dessine ce qui manque dans la case vide pour que chaque collection ait 6 éléments.

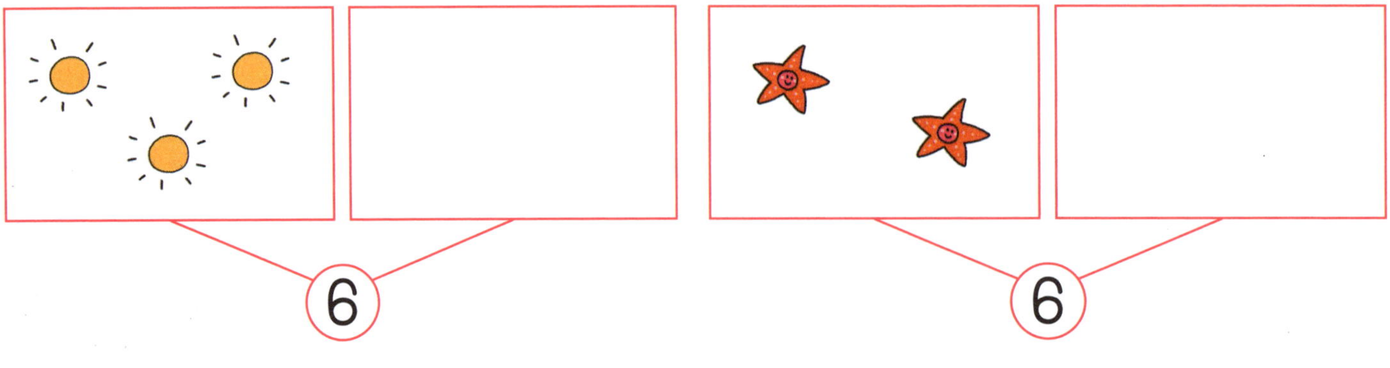

Former un mot

Associer deux syllabes pour former un mot.

Pour chaque dessin, relie les 2 moitiés qui vont ensemble puis nomme l'animal.

RE

MI

HI

NARD

FOUR

PIN

LA

BOU

Le a et le d

Écrire les lettres a et d en cursives.

Trace les lettres a, puis d.

a a a

a a a

arbre rbre

d d d

d d d

domino omino

Résoudre un problème

Apprendre à réfléchir pour résoudre un problème.

Observe le code couleur des rois et des reines. Colorie les reines et les rois en rouge, jaune et bleu de façon à ce qu'aucun couple ne soit identique.

La grenouille qui avait une grande bouche

Comprendre une histoire.

Histoire à écouter sur www.cahier-maternelle.fr

– Bonjour, je suis une grenouille à grande bouche et je mange des mouches, dit la grenouille à grande bouche en lançant sa langue collante.

Comme elle s'ennuyait, la grenouille à grande bouche s'en alla voir l'oiseau bleu.
– Bonjour, je suis la grenouille à grande bouche et je mange des mouches. Et toi, qu'est-ce que tu manges ?

– Je mange des vers qui se tortillent et des limaces qui bavent, répondit l'oiseau bleu en faisant claquer son grand bec pointu.

Comme elle s'ennuyait encore, la grenouille à grande bouche alla voir la petite souris.
– Bonjour, je suis la grenouille à grande bouche et je mange des mouches. Et toi, qu'est-ce que tu manges ?
– Je mange des graines qui craquent et des fruits bien juteux, répondit la petite souris en se léchant les babines.

Comme elle s'ennuyait toujours, la grenouille à grande bouche alla voir le gros crocodile vert.
– Bonjour, je suis la grenouille à grande bouche et je mange des mouches. Et toi, qu'est-ce que tu manges ?

– Je mange de délicieuses grenouilles à grande bouche, répondit le gros crocodile vert en montrant ses terribles dents blanches.
– Gloups ! s'inquiéta la grenouille à grande bouche. Puis elle serra les lèvres et fit une bouche aussi petite que possible.
– Euh… Et il y en a beaucoup par ici ? demanda-t-elle au crocodile.
Mais sans attendre la réponse, elle sauta dans sa mare en un grand… plouf !

K. Faulkner et J. Lambert, adaptation française de Héloïse Antoine,

Relie chaque animal à ce qu'il mange dans l'histoire.

Les formes géométriques

Distinguer et nommer les quatre formes géométriques de base.

Retrouve sur les tipis les formes suivantes et colorie chaque forme selon le code couleur : □ → bleu △ → rouge ○ → jaune ▭ → vert

Compte chaque forme sur tous les tipis puis entoure le nombre que tu as trouvé.

Nombre de carrés □ ➜ 8 – 13 – 14

Nombre de rectangles ▭ ➜ 2 – 3 – 10

Nombre de cercles ○ ➜ 8 – 18 – 20

Nombre de triangles △ ➜ 15 – 16 – 9

Le c et le g

Écrire les lettres c et g en cursives.

Trace les lettres c, puis g.

c c c

c c c

cerise erise

g g g

g g g

gâteau âteau

Le chiffre et la quantité 9

Associer le chiffre 9 à sa quantité.

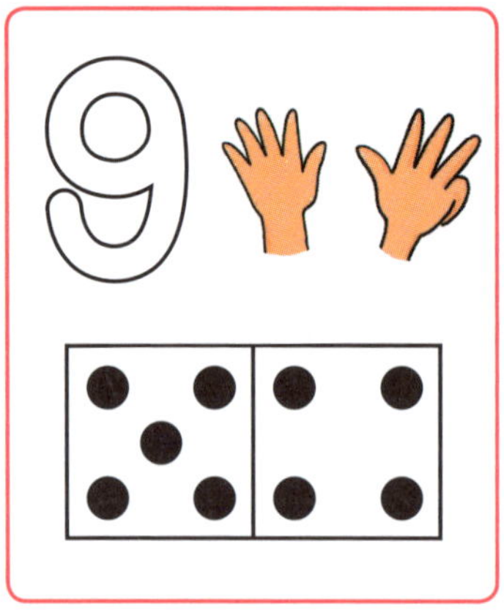

Entoure 9 souris.

Entoure le neuvième chat.

Continue en suivant bien les pointillés puis en traçant tout(e) seul(e).

9 9

9

Les différents types d'écriture

Reconnaitre des mots écrits dans une écriture différente.

Le nom de ces bâtiments est écrit plusieurs fois sur la page. Entoure les mêmes mots d'une même couleur.

ÉPICERIE ÉCOLE CINÉMA MAIRIE

école cinéma *mairie*

CINÉMA ÉCOLE

épicerie

école

épicerie

cinéma

MAIRIE

mairie

ÉPICERIE

Le jour et la nuit

Prendre conscience de l'alternance du jour et de la nuit.

Colle les images dans l'ordre des évènements de la journée. Fais bien attention à l'endroit où se trouve Jérémie. Tu peux aussi regarder les pendules pour t'aider.

1

2

3

4

5

6

7

8

38

ÉCRITURE

Le n et le m

Écrire le n et le m en cursives.

Trace les lettres n, puis m.

n n n

n n n

nid id

m m m

m m m

moto oto

Se repérer sur un quadrillage

Se repérer sur un quadrillage et y reporter des dessins.

Reproduis les modèles.

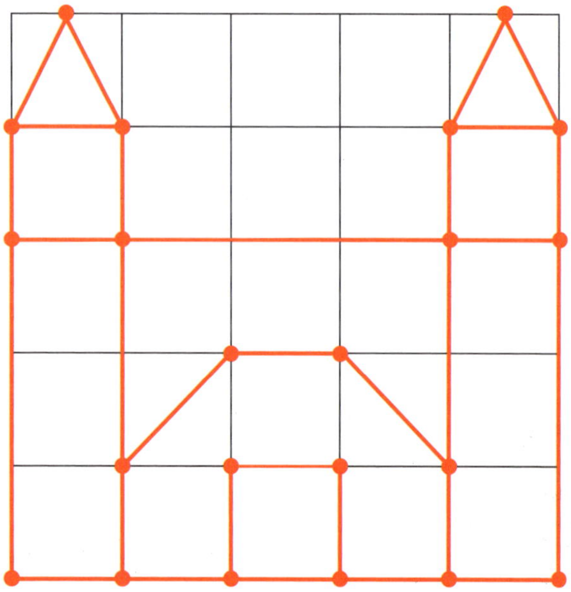

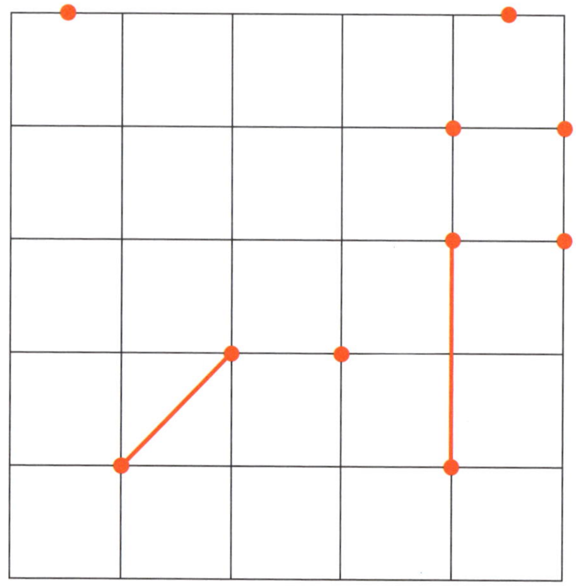

La composition d'un mot

Repérer les lettres qui composent des mots.

Pour chaque cerf-volant, retrouve les lettres qui ont servi à écrire le nom de chaque animal qui tient son cerf-volant et colorie-les.

Le t et le l

Écrire le t et le l en cursives.

Trace les lettres t, puis l.

t t t

t t t

taupe aupe

l l l

l l l

lune une

Le nombre et la quantité 10

Associer le nombre 10 à sa quantité.

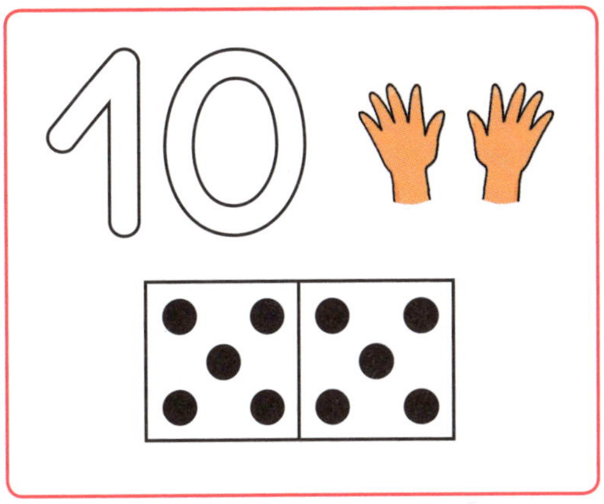

Dessine 10 cerises.

Entoure le dixième lutin.

Continue en suivant bien les pointillés puis en traçant tout(e) seul(e).

10

10

Florale la cigale

Comprendre une histoire.

Histoire à écouter sur www.cahier-maternelle.fr

Il y a beaucoup d'animaux au Bois-Joli ! C'est là que vivent Florale la cigale et Lili la fourmi. Mais elles ne sont pas amies et voilà pourquoi…

Un matin, Florale avait faim et plus rien à manger dans son garde-manger. Elle frappa à la porte de la fourmi. Toc ! Toc ! Toc !
– Ouvre-moi madame la fourmi ! lui dit Florale la cigale.
Lili la fourmi ouvrit sa porte, mais elle était de très mauvaise humeur.
– J'ai faim, Lili. S'il te plait, donne-moi vite à manger, demanda la petite cigale.

Mais voilà, Lili était vraiment de très très mauvaise humeur et elle n'aimait pas du tout cette cigale qui chantait, sous ses fenêtres, le jour et la nuit.
Alors elle répondit à la cigale :
– Hé ! Hé ! Tu as chanté tout l'été et tu n'as plus rien à manger… Eh bien ! Danse maintenant !
Et elle referma sa porte brutalement.
– Méchante Lili ! Méchante fourmi ! Tu n'es plus mon amie, soupira Florale la cigale.

Mais Pépin le lutin était là. Il avait tout vu et il avait tout entendu. Il pensa que Lili était bien égoïste. Alors il voulut consoler la petite cigale et lui proposa de faire un festin chez lui.

– Un festin ? Chez Pépin le lutin ? Un délicieux repas ? Pourquoi pas ? réfléchit Florale.
Alors la petite cigale suivit Pépin le lutin dans sa maison.

C'était une petite maison avec un toit rouge et rose et des volets roses, une jolie maison à côté d'un ruisseau.
– Comme c'est beau ! s'exclama Florale en y arrivant.

Puis elle entra dans la maison. Et ce jour-là, Florale la cigale et Pépin le lutin se régalèrent et ils s'amusèrent beaucoup !

Et depuis, ils ne se sont plus jamais quittés ! Tant pis pour Lili la fourmi !

Entoure les animaux dont on parle dans l'histoire.

Entoure les deux personnages qui sont devenus amis à la fin de l'histoire.

La vie végétale

Retrouver les différents éléments d'un végétal.

Colle les différents mots à la bonne place.

Le b et le h

Écrire le b et le h en cursives.

Trace les lettres b, puis h.

b b b

b b b

bulle ulle

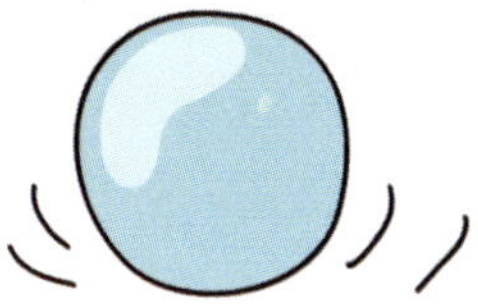

h h h

h h h

hibou ibou

Les nombres de 1 à 10

Revoir les nombres de 1 à 10 en associant les nombres aux chiffres.

Compte chaque bonbon. Entoure ensuite le nombre correspondant à la quantité que tu as trouvée.

3 4 5 6 7 8 9 10

3 4 5 6 7 8 9 10

3 4 5 6 7 8 9 10

3 4 5 6 7 8 9 10

Le son « u »

Reconnaitre le son « u ».

Pour manger sa laitue, Tutu la tortue doit passer devant tous les dessins où on entend « u » quand tu le prononces. Trace le chemin qu'elle doit prendre.

Comprendre une double consigne

Maitriser un tableau à double entrée en procédant par étapes.

Regarde bien l'exemple et dessine la forme des tasses dans la bonne colonne. Décore-les ensuite selon les motifs indiqués sur les lignes.

Le p et le j

Écrire le p et le j en cursives.

Trace les lettres p, puis j.

1 2 3

p p p

p p p

pont ont

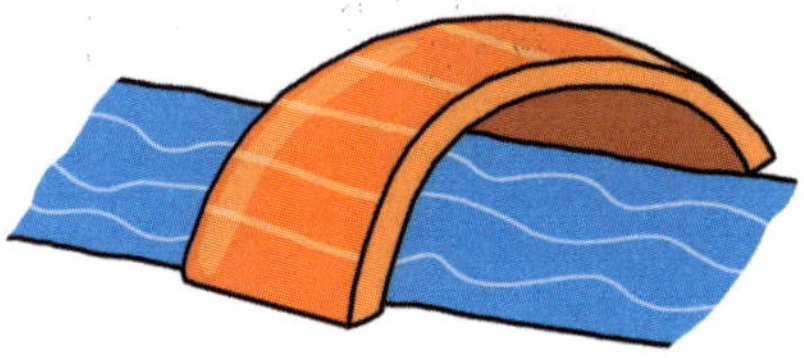

5
1 2 4 3

j j j

j j j

jeu eu

Tracer un itinéraire

Tracer et comparer des itinéraires.

Voici la promenade de la souris allant à la maison.

Voici la promenade du hérisson allant à la maison.

Trace en bleu le chemin de la souris et en orange celui du hérisson. Colorie les dessins où la souris et le hérisson sont tous les deux passés.

Les mots et leur définition

Trouver des mots par leur définition.

Demande à un adulte de te lire les phrases et trouve la réponse. Recopie ensuite les mots en violet dans la grille en t'aidant du numéro.

① Il vole dans le ciel.

② Il vit dans l'eau.

③ Elle se transforme en papillon.

④ C'est un animal minuscule.

⑤ Il rampe en se déplaçant.

OISEAU
POISSON
CHENILLE
FOURMI
SERPENT

Les objets du quotidien

Classer les objets selon leur fonction.

Colle dans le tableau les objets de la cuisine qu'il faut utiliser pour réaliser les actions indiquées.

couper éplucher	hacher râper	écraser casser
mélanger battre	filtrer	presser

S'initier à la soustraction

Enlever une quantité pour commencer à aborder la soustraction.

Lundi : 1 feuille est tombée, barre-la.
Combien de feuilles reste-t-il ?

....

Mardi : 1 feuille est tombée, barre-la.
Combien de feuilles reste-t-il ?

....

Mercredi : 1 feuille est tombée, barre-la.
Combien de feuilles reste-t-il ?

....

Jeudi : 1 feuille est tombée, barre-la.
Combien de feuilles reste-t-il ?

....

Vendredi : 1 feuille est tombée, barre-la.
Combien de feuilles reste-t-il ?

....

Samedi : 1 feuille est tombée, barre-la.
Combien de feuilles reste-t-il ?

....

Dimanche : combien de feuilles
reste-t-il sur l'arbre ?

....

Les mots commençant par le même son

Associer des mots débutant par un son identique.

Pour chaque ligne, entoure les dessins dont le nom commence par le même son quand tu le prononces.

Le son [r]

Le son [v]

Le son [f]

Le son [l]

Le r et le s

Écrire le r et le s en cursives.

Trace les lettres r, puis s.

r r r

r r r

réveil éveil

s s s

s s s

souris ouri

Les matériaux

Différencier les matériaux.

Colorie en rouge les éléments en verre, en marron ceux en bois, en gris ceux en métal, en vert ceux en carton, en bleu ceux en tissu.

Colle à côté de chaque dessin l'autocollant du matériau avec lequel est construit le château.

Le v et le w

Écrire le v et le w en cursives.

Trace les lettres v, puis w.

v v v

v v v

vélo élo

w w w

w w w

wagon agon

Associer des éléments identiques

Différencier des motifs pour associer ceux qui sont similaires.

Relie chaque clown au déguisement qui est identique au sien.

Le y et le z

Écrire le y et le z en cursives.

Trace les lettres y, puis z.

y y y

y y y

yaourt aourt

z z z

z z z

zèbre èbre

Les risques de la rue

Découvrir ce qu'il est interdit de faire parce que c'est dangereux.

Colle un autocollant ☹ quand l'action est dangereuse.
Colle un autocollant ☺ quand c'est ce qu'il faut faire.

Compléter une quantité

Faire correspondre les quantités aux chiffres.

- Dans chaque arbre, il doit y avoir 7 pommes. Dessine les fruits qui manquent.
- Écris le nombre de fruits que tu as dessinés dans l'étiquette sur le tronc de chaque arbre.

L'ogre Michu

Comprendre une histoire.

Histoire à écouter sur www.cahier-maternelle.fr

Ce jour-là, l'ogre Michu s'était réveillé affamé comme tous les matins. Dans sa cuisine, il avait mangé quinze sablés, vingt pâtés et un gros soufflé. Puis il était sorti dans son jardin…

Dans le jardin, un petit lapin trottinait.
– Bonjour, ami lapin, dit l'ogre Michu. Aujourd'hui, j'ai mangé quinze sablés, vingt pâtés et un gros soufflé, mais j'ai encore faim…
Hip ! Hap ! Hop ! Il avala le lapin. Puis il continua son chemin.

Dans le pré, il vit une tortue.
– Bonjour, amie tortue, dit l'ogre Michu. Aujourd'hui, j'ai mangé quinze sablés, vingt pâtés, un gros soufflé et un petit lapin. Mais ce n'était qu'un petit déjeuner et j'ai encore faim !
Hip ! Hap ! Hop ! Et la tortue disparut dans son ventre.

Près d'un fossé, il rencontra une petite poule noire.
– Bonjour, amie poule. Je suis l'ogre Michu et tu me parais bien dodue ! Aujourd'hui, j'ai bien déjeuné : j'ai mangé quinze sablés, vingt pâtés, un gros soufflé, un petit lapin et une tortue. Mais j'ai encore faim !
Hip ! Hap ! Hop ! Plus de poule noire près du fossé.

Et sous le pont, il trouva trois petits cochons. Il se dit que trois petits cochons, ça devait être très bon !
Hip ! Hap ! Hop ! Michu les croqua tout rond.

Et soudain, il croisa un petit ver avec un crabe qui le suivait. Michu pensa qu'il était inutile de les saluer car il avait trop faim !
Hip ! Hap ! Hop ! Il les dévora tous les deux !

Puis, comme après avoir tant mangé, il était fatigué, il se coucha tranquillement dans un champ.

Mais dans le ventre de l'ogre, il se passait des choses ! Le crabe y avait fait un petit trou, et était sorti, le petit ver aussi… Puis les cochons, la poule noire, la tortue et le lapin les avaient suivis. Ils étaient tous libres ! Mais avant de partir, la tortue a recousu le ventre de l'ogre Michu. Quand il se réveilla, il cria :
– J'ai mal au ventre.
Et il disparut dans la forêt.

Depuis, on ne l'a plus jamais revu, l'ogre Michu…

Écrit par Anne Popet

Barre les animaux qui n'apparaissent pas dans l'histoire.

Quels animaux l'ogre Michu rencontre-t-il en dernier ?

Écrire un mot court

Écrire l'article qui convient.

Regarde les petits mots en couleur.

la grenouille 

le lièvre 

Écris ceux qui conviennent dans chaque étiquette.

____ renard 

____ chouette 

____ fourmi 

____ sanglier 

____ souris 

____ coccinelle 

Le repérage des sons

Repérer des sons.

Nomme ce que tu vois sur les dessins. Colle des autocollants en dessous de chaque dessin pour dire combien de fois tu entends le son indiqué.

« a »     

« i »     

« o »     

Reconnaitre les saisons

S'approprier le cycle des saisons.

Colle les étiquettes des noms des saisons sous la bonne photo.

Colle à côté de chaque mot la photo de la saison qui lui correspond.

ÉTÉ

PRINTEMPS

AUTOMNE

HIVER

Repérer un intrus

Repérer un mot qui ne convient pas.

Regarde bien le modèle. Barre l'intrus qui s'est glissé dans chaque ligne.

voiture	voiture	voiture	toiture	voiture	voiture

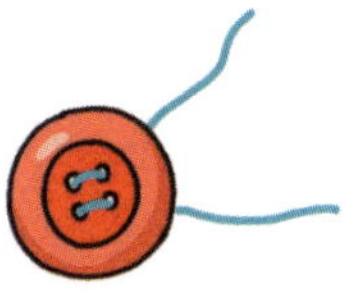

bouton	bouton	bouton	bouton	boulon	bouton

niche	niche	miche	niche	niche	niche

crabe	crabe	crabe	crabe	carte	crabe

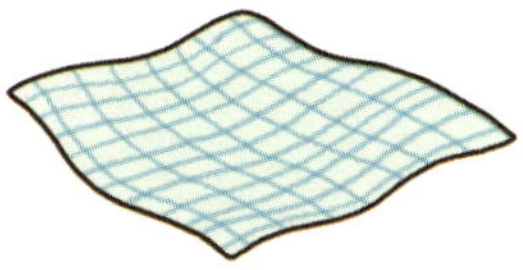

mouchoir	mouchoir	bougeoir	mouchoir	mouchoir	mouchoir

Les légendes

Écrire les mots à la bonne place.

Observe le dessin et complète les étiquettes.

l'œil   la bouche   les pattes

Les lettres et les sons

Associer des lettres à des sons.

Nomme les dessins et colorie ceux pour lesquels tu entends le son « ou ».

Autant que

Aborder la notion « autant que » et comprendre l'égalité.

Observe ces quatre enclos. Pour chaque enclos, compte les animaux et entoure les deux enclos où il y en a autant.

Les rimes

Trouver des rimes pour se familiariser avec les sons.

Relie chaque animal aux dessins dont le nom rime avec lui. Attention, il peut y avoir plusieurs réponses !

Placer un mot dans une phrase

Écrire des mots au bon endroit dans une phrase.

Regarde bien la première phrase. Écris les mots qui manquent pour compléter les phrases suivantes.

le renard court dans la forêt

le ______ court dans la forêt

le renard ______ dans la forêt

le renard court dans la ______

le renard court ______ la forêt

Comprendre une phrase

Mettre en relation des mots et des phrases avec des dessins.

Dans les phrases ci-dessous, entoure chaque mot qui est illustré.

OISEAU

CAGE

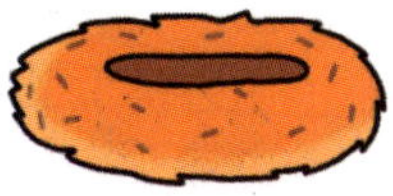
NID

ŒUF

LE NID EST DANS LA CAGE.

L'ŒUF EST DANS LE NID.

L'OISEAU EST DANS LE NID.

Relie ensuite les phrases aux dessins correspondants.

Le nid est dans la cage. •   • 

L'œuf est dans le nid. •   • 

L'oiseau est dans le nid. •   • 

Comparer des tailles

Ranger du plus grand au plus petit et du plus petit au plus grand.

Observe le dessin et numérote de 1 à 5 les dragons du plus petit au plus grand.

Observe les dragons. Numérote-les du plus grand au plus petit (de 1 à 5).

Se déplacer sur un plan

Se repérer sur un plan en suivant des indications.

Observe le plan. Trace ensuite le chemin de Théophile vers l'école en suivant le code ci-dessous :

Les mots identiques

Reconnaitre le même mot dans des phrases.

Souligne en bleu le mot « fleur » quand tu le vois dans une phrase. Fais de même en soulignant en rouge le mot « poule » et en vert le mot « bateau ».

La rose est une jolie fleur.

Ma fleur préférée est la tulipe.

J'ai cueilli une fleur rose.

La poule a pondu un œuf.

Il y a une poule sur le mur.

Le renard veut manger la poule.

Papa a acheté un petit bateau.

J'irai en bateau demain.

Le bateau est au port.

S'initier à l'addition

Compter jusqu'à 12 en utilisant le principe d'addition.

Observe les bocaux de bonbons. Sur chaque rangée de la vitrine, on doit trouver 12 bonbons. Dessine les bonbons qui manquent dans chaque bocal vide.

Retrouver des lettres au sein d'un mot

Repérer des lettres graphiquement proches dans des mots.

Entoure en bleu la lettre « d » et en rouge la lettre « b » dans les mots suivants.

douche

cartable

radis

jardin

cabane

billet

salade

bouée

domino

robe

Entoure en vert la lettre « m » et en jaune la lettre « n » dans les mots suivants.

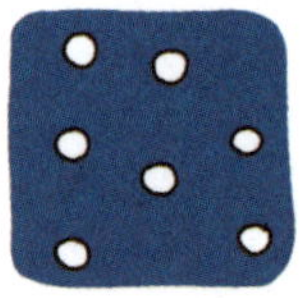
neige

hirondelle

montagne

moustique

niche

tente

marelle

fermier

farine

champignon

Reconnaitre des solides

Distinguer les principaux solides (cube, boule, pyramide, cylindre).

5 6 Relie chaque dessin au solide correspondant.

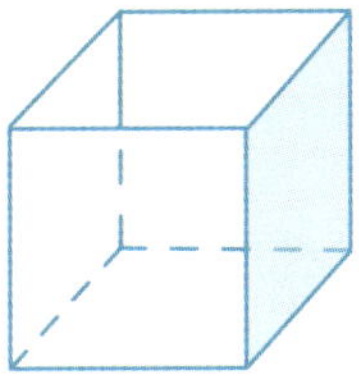

cube

boule

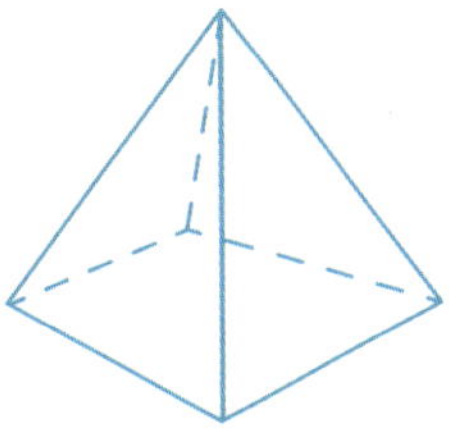

pyramide

cylindre

Mon mémo d'anglais

Numbers / Les nombres

- 1 one
- 2 two
- 3 three
- 4 four
- 5 five
- 6 six
- 7 seven
- 8 eight
- 9 nine
- 10 ten

Colours / Les couleurs

- red
- yellow
- orange
- brown
- black
- blue
- green
- pink
- purple
- white

Time / Le temps qui passe

day

night

Weather / Le temps qu'il fait

sun

clouds

rain

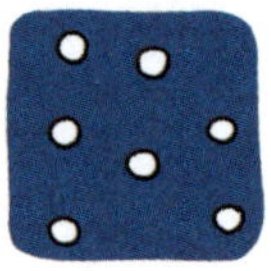

snow

Fruit / Les fruits

cherry

banana

orange

apple

apricot

pear

Activité manuelle Le mobile

Le MaTéRieL

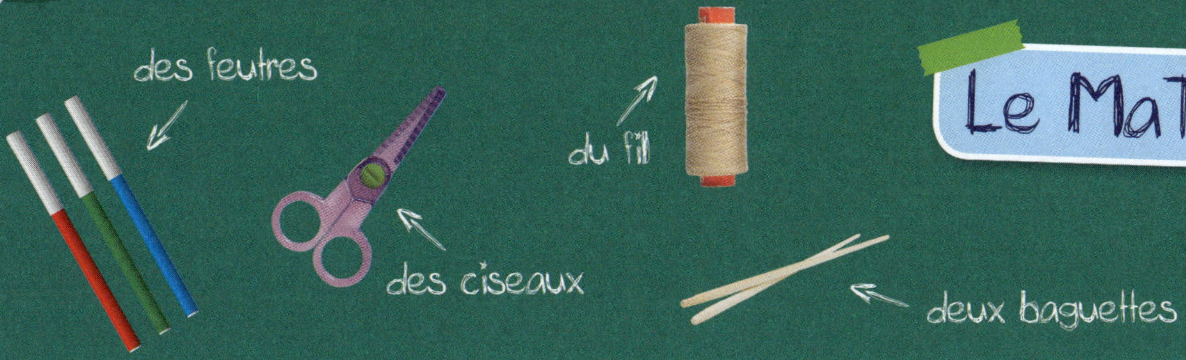

La RéaLisaTion

1 Décore avec tes feutres les formes ci-contre et demande à un adulte de les découper.

2 Demande à un adulte de faire un trou en haut de chaque forme et glisse le fil.

3 Accroche chaque fil au bout de chaque baguette.

4 Lie les 2 baguettes ensemble avec un fil, ce qui te permettra d'accrocher ton mobile.

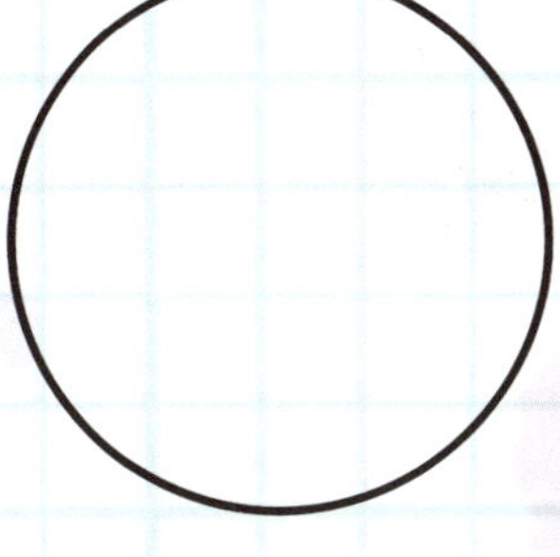

Activité manuelle

La carte d'anniversaire

Le Matériel

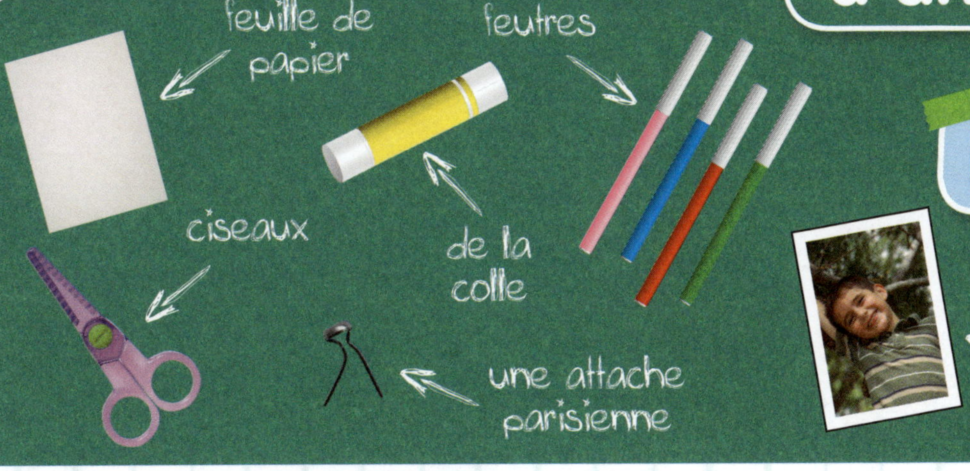

La Réalisation

1 Prends la feuille de papier que tu découpes en quatre parties.

2 Sur la première partie, fais un joli dessin.

3 Sur la deuxième partie, colle ta photo et écris ton prénom.

4 Sur la troisième partie, colle l'autocollant "C'est mon anniversaire" de ton choix.

5 Sur la quatrième partie, demande à un adulte d'écrire ton invitation.

6 Attache les 4 parties avec une attache parisienne en haut à gauche.

Activité manuelle — Le jeu de quilles

Le Matériel

La Réalisation

1. Peins chaque bouteille d'une couleur différente.

2. Avec un feutre noir, numérote chaque bouteille de 1 à 5. Mets du riz dans chacune d'elles et ferme le bouchon.

3. Ton jeu est prêt et avec une balle de tennis, tu peux commencer à jouer ! Chaque fois que tu fais tomber une quille, compte combien tu as gagné de points grâce aux chiffres écrits sur les bouteilles.

Activité manuelle

La boite à trésors

Le Matériel

La Réalisation

1. Demande à un adulte de découper les dessins ci-dessous et colorie-les.

2. Couvre la boite à chaussures avec le papier cadeau.

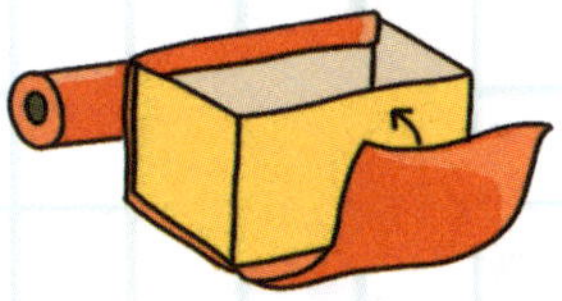

3. Colle les dessins coloriés sur la boite.

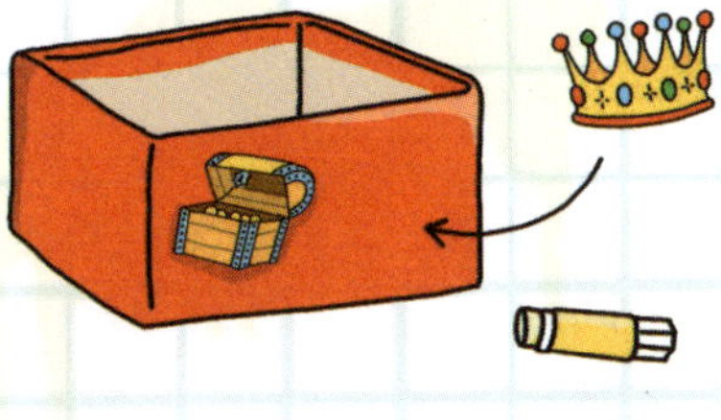

4. Remplis ta boite avec tes trésors.

Voici tes autocollants

Page 2

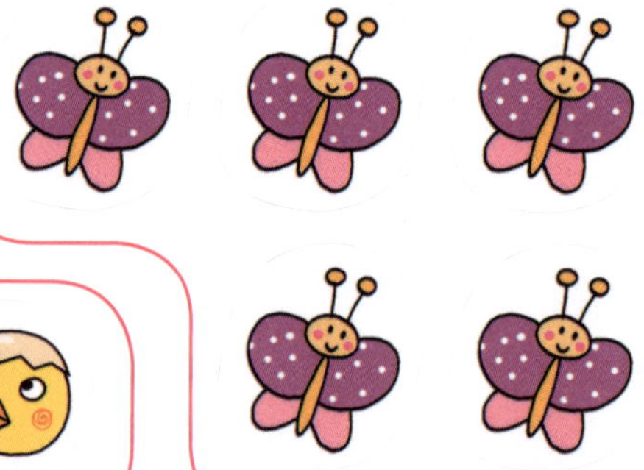

Page 18

LUNDI MARDI JEUDI

MERCREDI VENDREDI

SAMEDI DIMANCHE

Page 7

SOURCIL JOUE BOUCHE COU

ÉPAULE PIED COUDE NEZ

CHEVILLE MAIN GENOU CIL

Page 4

Page 16

Page 28

Page 19

PRINTEMPS HIVER

ÉTÉ AUTOMNE

Page 65

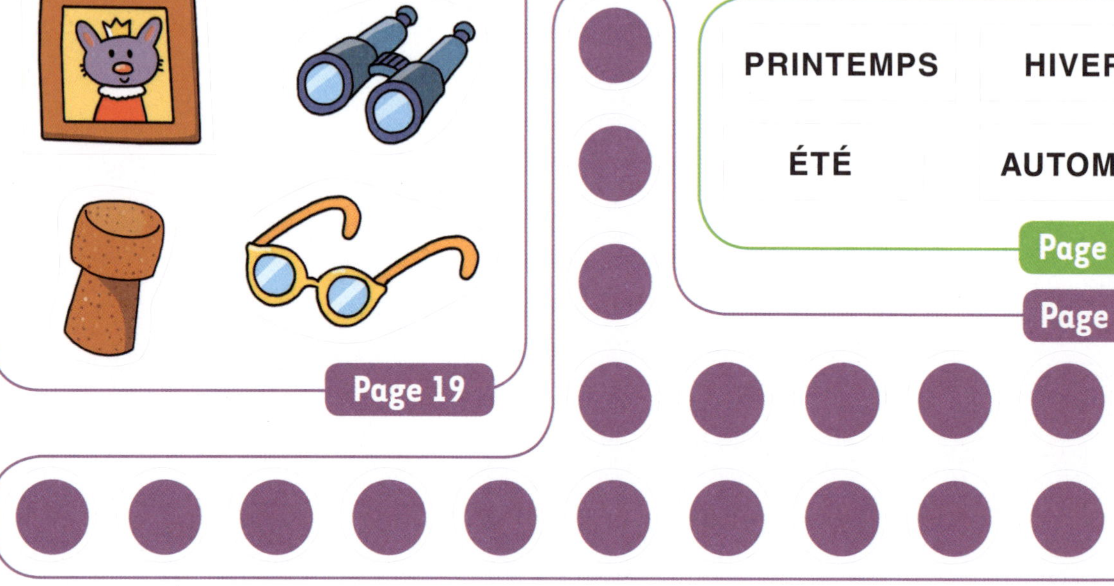

Page 17

Page 26

TIGE RACINE

OGNON CAROTTE

POMME DE TERRE

FEUILLE

Page 44

Page 60

Page 56

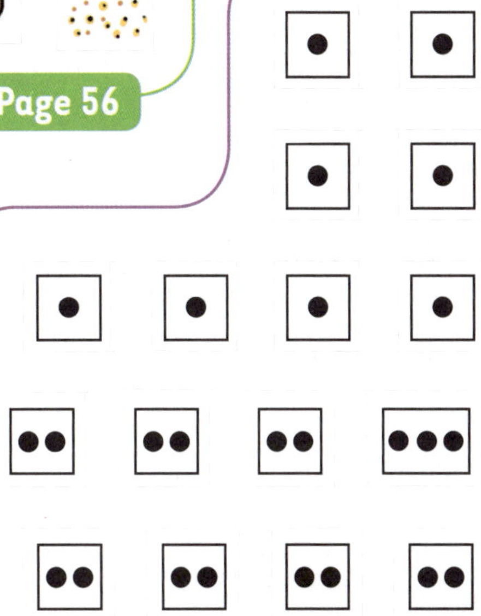

Page 64

Page 37

Activité 2

Page 65

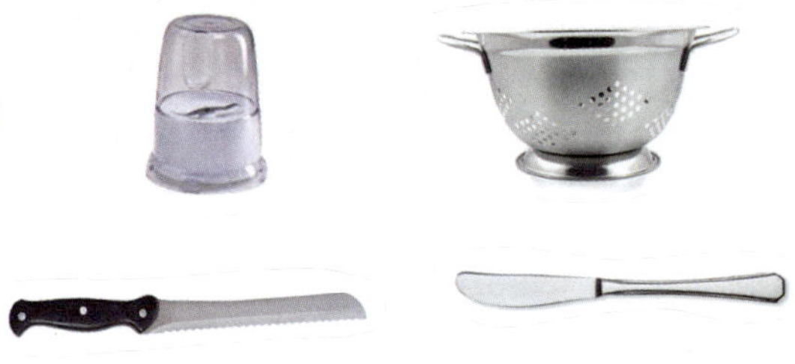

Page 52